Román de la Vega

# Destino

Poemas

# Román de la Vega

# Destino

## Poemas

Primera Edición

Nueva York
Estados Unidos de América
2018

Ediciones Obsidiana
www.obsidianapress.net

Ediciones Obsidiana

Tel.: (737) 203-7823
w w w . o b s i d i a n a p r e s s . n e t
editores@obsidianapress.net
o p l i b r o s @ a o l . c o m

NOTA DEL AUTOR:

Contacte al autor por e-mail:
poetaromandelavega@gmail.com

poetaromandelavega@icloud.com

# Destino

®

*El hombre
elige el camino,
no su destino.*

®

# *Dedicatoria*

Al:
Dr. Ramón González Hardy

====

También fue cosa del destino conocerte,
encontrarte, el quererte;
también fue cosa del destino poner luz al camino
oscuro por donde te marchaste;
volví a verte y no pude verte,
Dios puso alas a tu cuerpo,
jamás a tu gran amor como legado indeleble.

====

Testimonio de cariño,
me hicieron quererte,
ilustre y buen amigo,
en el cielo volveré a verte.

====

Testimonio de amor fue tu gran humildad,
y como herencia de poetas, el que una tarde
pudieran mis oídos escuchar de tus labios:
jamás deje de ser poeta, porque un día la patria te
premiará.
Dios le permitirá desde los cielos, la grandeza de que
su nombre
siempre tenga vida eterna, aún despúes que su
cuerpo haya volado de esta tierra para mejor vida.

# EPÍGRAFE

El origen de esta obra titulada DESTINO, se remonta a los años 1995—1996, justo cuando mi vida da un giro inesperado, es cuando de una manera u otra me marca irremediablemente para siempre.

*Destino* es, una inesperada obra nacida del silencio; una musa adornada por la oscuridad de la noche. Una mudez insostenible que me hace volcar todos mis sufrimientos y frustraciones en el silencio de la noche, el dolor de una herida emocional que me catapulta al infortunio y a la tristeza más concebida.

*Destino* es un atrio adornado por pensamientos despiertos en mis noches dormidas, una palabra con anchos destellos de hermosura, la que sólo tomaba vida cuando levantaba la mirada al cielo. Lo demás, lo arrastraba al corazón y al alma a través de mi tristeza y la desconsolación.

Esta obra, al igual que otras como *Patria Grande, Patria Infinita, Vestigios, un Poeta en América*, obras aún inéditas, definen y recogen todo el calvario, sufrimiento, desamor, melancolía, frustraciones, tristezas, dolor y cuantas situaciones dolorosas sufridas por el Poeta, a causa de haber dejado lo más amado, mi tierra, mi familia y tesoro más bien lustrado mi profesión.

*Destino* recoge mis dolorosas lágrimas nocturnas, mis pesadillas más despiertas. Leer *Destino*, es tocar el fondo del corazón de un Poeta marcado por la tristeza y el abandono.

# DESTINO

El destino es como una ola,
algunas veces nos abraza y no sabemos
si es para hundirnos o para sacarnos a flote.

El destino es un misterio
que nos acecha con sobrada paciencia;
el destino espera lo que no espera el tiempo.

El destino es el libro de la vida
escrito por Dios,
donde sólo él sabe nuestro destino,
ni lo sabes tú,
ni lo sé yo.

El destino es un camino sin fondo,
una trampa sin salida y sin vereda;
es un sueño marcado,
un designio de Dios,
aceptarlo es lo que nos queda.

# DESTINO DE AMOR

Un destino de huellas nos espera a los dos;
rondan corazones muertos
sobre nuestro amor aún vivo.

Un destino más despierto
que dormido nos espera,
un destino junto a Dios,
un destino hasta que tú mueras,
hasta que muera yo,
hasta que estemos enterrados los dos.

Destino de un amor divino,
un destino esta vez nos separa a los dos,
es que amar y sufrir,
también son parte del destino,
como lo somos tú y yo.

Es tu amor mi destino,
son tus besos mi camino,
también el amor que hoy
se le escapa a la vida.

# LOS CAMINOS DEL AMOR

El camino,
la sombra para tus huellas,
mi aliado para amarte;
el camino,
sendero que se desnuda al buscarte;
el camino,
lluvia que se desborda a cada instante;
el camino,
las alas para llegar al destino;
el camino,
la alambrada de tus labios
dibujada por el tiempo y tus huellas;
el camino,
campo abierto
para los sembradíos de tus labios;
el camino,
cosecha pura cuando termina mi estío
y por fin te encuentro;
el camino me hizo tuyo,
porque así lo quiso el amor,
porque así lo quiso el destino.

# TODO EN VIDA

Rechazo las personas
que quieren dar vida en la muerte,
después que dieron muerte en la vida;
los honores son dados a las personas de ojos
cerrados,
y porque mejor no darle en esta vida,
todo el amor y el cariño que hayan buscado.

Dame en vida la vida,
que yo de mortal voy marcado;
es que, también por el hombre he sido
crucificado;
quizás tú por amor,
puedas dame la mitad de lo que hoy miran mis
ojos,
y no lo mucho después que me hayan
enterrado.

En la vida no todo es vida,
no todo es llanto ni pecado;
en la vida sufrir es dolor,
un quebranto atormentado.

En la muerte sólo vuelve a la vida,
aquel que mucho amor y bien ha sembrado.

Si alguien por amor,
ha sido recordado,
es porque se olvidó de las riquezas;
prefirió ser casto y amado.

Por eso hoy sólo te pido,
como un pastor de la vida enamorado,
me devuelvas una pizca de todo lo mucho
o lo poco que he merecido,
devuélveme una caricia y un suspiro,
los tantos besos que yo te he dado.

Amarte es y será mi mayor recompensa,
dejarte todo mi amor como un gran legado.

# LAS PAREDES DEL TIEMPO

Las paredes del tiempo caen como bloques
haciéndome polvo,
y que va, aún más te amo,
aún mucho más.

Será la verdadera forma del retorno,
será, será, donde sabremos que existimos,
tú serás la mujer de ti misma,
yo seré la flor en tu camino.

Yo seré el amor de tu destino,
y el mío: ¿cuál será?
amarte hasta la muerte,
sin ti, vivir o morir,
qué más da.

# COMO HUMO AL VIENTO

En este pequeño y fortuito abandono,
es grande la ingente desdicha;
la luz que por la hendija de la vida
hoy se proyecta,
es para mí, como una muerte borracha.

Cae de bruces el hombre;
su destino se hace más efímero;
humo al viento
se hace mi verdad y mi camino.

Aquí no hay verdor,
ni erectos pinos,
sólo silencio y soledad;
cuantas penas adornan mis caminos.

# ¿ADÓNDE IRÁN MIS PASOS?

¡Dime brisa, dime viento!
¿adónde iré a caer,
a donde irá asentarse mi vida,
mi sueño y mi mañana?

No me importa si caigo en terreno seco
o en un desierto,
porque el amor a de germinar
en el corazón del hombre
que sufre para hacerse sabio.

Pasará su amor, pasará la vida
en cada día que se hace corcel,
yo aquí sin la vida,
sin el amor aquel.

# SECUESTRO DEL DESTINO

Quien muere sin sonreír,
es porque sufrir es morir,
morir por servir si es vivir,
vivir por vivir no es vivir.

Y quien vive muriendo
sabe del más allá,
sabe de ángeles,
de sombras, de luces
de vuelos, de velatorios,
de lágrimas y de lutos.

Este secuestro del destino,
esta succión del tiempo sobre los sueños,
que se hacen y se desmoronan,
me hace morir sin vivir,
no sé si de la vida o del destino,
es tormento o es broma.

# EL DESTINO QUE NOS LLEVA

El destino es esa cárcel
oscura que nos mueve,
es el crudo invierno
que sin querer nos hace témpano,
nos hace roca, aunque no se quiere.

Destino es el maleficio de lo mal concebido,
nos despierta de un sueño
que ni siquiera tuvimos.

Sorprendido queda el hombre
por haber elegido tan mal camino,
sin ni siquiera saber dónde nos lleva la vida,
porque en la fosa del destino caímos.

# NO ME PREGUNTES

Esta obra ya empezada,
es la obra que se deshace
al otro día a las doce,
¿por qué? No me lo preguntes.

Mira el infinito
y verás mi detractor,
mi gendarme divino ahí estará,
mi látigo sagrado,
mi verdugo de amor habrás encontrado.

Mira hasta donde alcanzan
las manos que nos crean,
esas manos de igual modo nos deshacen,
nos hacen polvo y nos envían hasta la
tempestad.

Por eso no ha de saber el hombre,
sólo Dios, por donde vino el hombre,
por donde se irá.

# UN CAMINO ES EL DESTINO

La vida es un largo camino
que el hombre jamás ha de recorrer,
morirás cansado de caminar,
y al mismo lugar has de volver.

Ese camino es el torbellino del destino,
es la turbulencia que nos ahoga,
en el ancho y profundo
mar de nuestra moribunda suerte.

Yo en mis vestigios de itinerante,
vida quiero volver a verte,
con más amor y menos suerte.

# CUANDO LA LUNA DESPIERTA

Sólo la noche define el día
cuando despierta;
sólo la luna desafía la oscura noche,
cuando en ella imponente el pecado asecha.

Mi destino,
pesado y oscuro camino,
los alumbran las luminosas estrellas
que en el amor hacen brechas.

Penetra a mi alma como láser,
mi felicidad maltrecha,
sin que ni siquiera la mirada
de la luna se dé cuenta.

Las ronchas venerables que
hacen urticaria mis rastros,
son como bolas de cristal que se fragmentan,
son el aullido que se hace eco
y se adueña de mi silencio.

# LAS CUENTAS DEL DESTINO

Como la brisa en el silencio
de mi vida soñolienta,
así el destino me lleva de la mano,
y yo sin ni siquiera darme cuenta,
que fácil de esta vida nos vamos.

Cuanto pesa un mal camino,
y eso que aún sobre mi cabeza
no pesan los cincuenta,
el hombre toma su camino
y el destino nos ata a sus riendas.

# SI ACASO TENGO OTRA VIDA

Gracias Señor por darme
la gracia y la dicha que un día
les diste a los animales,
la de vivir mansamente,
aunque con enterrados puñales.

Vida como la de las plantas
que se hacen verdes,
otras veces amarillentas,
pálidas y secas, como mi vida misma.

Si acaso hay para este hombre otra vida,
que sea como la tuya;
que sea entre campos,
orquídeas y corales.

Es que ya está bueno para puñales,
para la soledad de mi corazón,
sólo la luna esta noche maúlla.

# ESENCIAS Y RECUERDOS

Pasaré a formar escorias,
esencias y recuerdos,
a veces seré amado, anhelado,
soñado, deseado y buscado,
de tanto soñar, ya poco recuerdo.

Otras veces soy abrumante,
detestable, abominable;
incurable e impenetrable
por mi hermetismo en la noche,
por mi poca lumbre en esta vida.

Como puedo definir el odio
si hoy soy ciego e ignorante,
sólo puedo hablar de este amor que se siente de
pronto,
al tocar esa verdad,
la que en mis forzados desvelos tanto puedo
hablar.

# APRENDIENDO AMAR

Aprender amar
me hace ser más caballero,
me hace tener más memoria;
sólo tengo razón para pensar en el bien.

Abrazar el destino,
es hacerle caso
a todo aquello que hoy aquí tan lejos
me destruye.

Buscaré para escapar del amargo silencio,
esa dulce palabra llamada felicidad,
la que hoy en mí no está,
la que en vez de venir a mí mejor huye,
y yo sin saber por qué,
hoy el destino tanto me aprisiona.

# LABIOS INMACULADOS

Donde está el amor,
sólo en el beso que se plasma
en la mejilla suave y
tenue de un niño.

En el abrazo que se
pierde en los pechos de
dos buenos amigos,
en el beso que una
vez tocaron mis labios inmaculados.

El amor está en todo aquello
que el corazón nos revienta
de emoción y alegría,
el desamor está en todo aquello
que hoy me falta y que está tan lejos.

Me agarró el infortunio,
será para que el Poeta enmudezca y no sonría,
para que no duerma por las noches,
sino de día.

# UN TRIBUTO A MI FÍN

No sé si mi vida será la lente
que posa en mi cabeza sin rostro;
santa y perfumada la vasija provechosa,
donde me pone a tomar un sorbo de tristeza
el implacable destino.

Repisado en el repertorio
de notas acorde estará mi vida,
seca el alma,
labios sin vinos.

Si salgo vivo de esta fosa
mal cavada del destino,
estará vivo el hombre,
sólo en recuerdos y en pensamientos;
seré un tributo trocado a mi propio fin.

# SIN YO QUERERLO

A veces somos carroña,
materia, polvo,
quién nos defiende de la venenosa ponzoña,
aquella que dolorosa en nuestras venas
trasciende.

Quien en la vida encuentra una luz,
aquel que con un beso nos ayude,
quien será el cirineo de la pesada cruz,
sólo aquel que soporte el madero,
antes de que nos reviente la amargura.

Destino, si acaso eres tú,
ven mueve esta pesada roca,
que el desaliento sin yo quererlo hoy me toca,
la amarga negación de mi desgracia,
hoy también me provoca.

Grave tristeza la que mi corazón sintió,
esa noche en que demonios humanos hurtaron
mis emús;
esa noche la luna de mis sueños
también murió, jamás brilló,
en mi corazón sin yo querer se apagó una luz.

# ESCLAVO DE LA VIDA

Quien no ha sentido
alguna vez la sensación amarga
de la desdicha dolorosa,
un infortunio que tal vez nos hace míseros,
esclavos de esta vida misteriosa.

Una llaga purulenta
que me enloda, que me enluta,
sin que el mal me pretenda,
¡que injusta es la vida,
que injusta!

Una espera que no me asienta,
porque no hay en esta vida sobradas manos
para soportar del destino la rienda.

## ESCRIBO MI PASADO

Siento mi cuerpo sin cabeza,
y mi nariz me dice que el
viento ya se ha ido,
sin quererlo me ahogo en la maleza,
¿por qué? no lo sé,
por la negra fronda
que me encierra donde estoy perdido.

Escribo mi pasado,
todo cuanto he llorado,
todo cuanto he sufrido,
sálvame destino de esta mala suerte,
retorna mis castas alas,
aquel lugar donde los hombres,
pulcro nacimos.

Donde no hay rocas pesadas,
ni humos que hagan llorar,
ni relámpagos que el alma me cieguen.

# EL PIANO QUE YA ME DUERME

Escucho el piano del tiempo
consumiendo mis frágiles cuerdas;
ya el silencio de la noche me duerme,
me duerme, ya ni mi madre me recuerda.

Las notas del viento me despiertan,
calcáreas y cobrizas las yemas de mis dedos;
voy con una nota perdida donde
la vida ya me lleva al olvido.

Abandonado estoy,
abandonado entero.

Del desahucio que hoy hago acopio,
el precoz cansancio
que en esta morada espero,
el tiempo senil, vagabundo y embustero,
que hoy viene a cobrarme cuentas
ya por amor cobradas.

# DE LA VIDA LIMOSNERO

Legado de mis huellas un redil,
del azar soy un caminante,
de la vida soy limosnero,
del bien y del amor soy fiel compañero.

A la gruesa piedra
que en el camino empedrado encontré,
si la vuelvo a encontrar díganle,
que descalzo en el ayer la pondré.

Que olvidarla querré,
que enterrar mi destino quiero,
pero él como invisible caballero,
me desafía, y yo sin saber por qué.

# QUINCE AÑOS

Quince años de mi vida,
quince años que murieron;
entre regios barrotes y tinieblas,
voy a la huesa en vida,
quince años que se fueron.

Quince años que no han de volver,
se han ido para siempre;
rastros de un renacer,
vestigios navegando por mis corrientes.

En mi nuevo querer,
en mi otra corta vida dejo rastros conscientes,
de que, aunque la muerte sea la mejor de las
huidas,
he de ser el niño aquel que jamás ha de correr.

Quince años, que más que bonanzas,
florecieron en ellos el trabajo pulcro;
por otra tierra en añoranzas,
anduve cerca del sepulcro dando tumbos.

Pero una luz brilló en mi vida,
con la mayor de las recompensas,
musas y letras de bardos fueron teñidas,
por los blancos colores de mi poesía extensa.

Es que para un Poeta
no hay mayor recompensa,
que sus letras sean luces para los hombres,
y engarzadas musas para los corazones de la
poesía.

# SIN MÁCULAS Y SIN PECADOS

Voy por esta vida
con el tiempo por ti señalado,
con un prólogo de tu nombre que me alivia;
con esta llaga en el costado.

¡Mírame! sin gozo estoy, entre penas,
sin mácula y sin pecado,
sin luz, en la oscura condena,
con la tinieblas de la noche a mi lado.

Alcanza mi minúscula obra
con tu sabia prosa de captura,
sacia mis lastres que de ti sobra
amor, paz y dulzura.

No ves que yo aquí estoy en la tierra
y tú estás en las alturas;
¡sálvame hoy porque muero!
para vivir en ti no tengo prisa,
tampoco tengo premuras, porque te quiero.

Sólo mi buena fe puesta en la lisura,
mi corazón en un oscuro calabozo lastimero,
es poco lo que yo quiero, lo que yo quiero,
es que me hagas feliz si es que acaso puedo.

# ALFARERO DE DIOS

Seré tu humilde alfarero,
el más honroso de tus fieles,
tu servil discípulo mañanero;
seré quien cubra tu nombre en los rieles,
seré tu verano en el mes de enero.


Tapia mi frente con tu dolor,
con tu sangre baña mi corazón,
que no soy más que un ave sin flor,
que va gimiendo por cada región.

Busco en tu verdad la salvación,
y en tu mano bendita mi gran amor,
es que tu obra en mi vida gravita,
porque mi corazón está hecho de tu corazón.

Desplegaré mis cifradas esperanzas,
con la misericordia de tu prado bueno,
con la franqueza de que, en cada remembranza,
llevo tu nombre Dios eterno.

# APOSTOLADOS

Cuando mires mi corazón desecho,
guía mis pasos con sumo cuidado,
dejadme llevar el perdón en mi pecho,
cuando el prójimo me haya lastimado.

Alzaré mis tórridas manos,
apuntaré mi índice a tus apostolados,
para que cada día bien temprano,
limpies el barro de mi corazón mancillado.

# COMO NUBES PERDIDAS

Invisible seré,
para lavar las nubes
de todo lo que mal respiro;
blancos mis pies,
gélido lo que mal deliro.

Volar aspiro,
cuándo, no lo sé,
por ahora mi sufrir está escrito,
es que mi amargura se siente,
pero no se ve.

# LA SOLEDAD QUE ME EMBARGA

Soledad que lastima mi calma,
en esta noche que estoy sufriendo;
quiero hablarte de las penas de mi alma,
de las que hoy estoy sintiendo.

Soledad que me hace indiferente,
hoy que a quien amo no está a mi lado;
sombría yace mi vida de repente,
de nostalgia está mi corazón lastimado.

Soledad triste y amarga,
me desgarra mis nobles sentimientos;
en las noches el silencio me embarga,
de oscuras lágrimas y de lamentos.

# SONRIENTE DESTINO

Cuando el sonriente destino
juega con nosotros como niño,
va nuestra vida,
sin aciertos y sin cariño.

Destino es esa fuerza misteriosa
que juega con los hombres
como ceniza al viento,
la que se mofa,
de los hombres de sueños sedientos.

# CORAZÓN SIN CURA

Solaz pensamiento
que por las noches murmura,
todo lo que llevo muy adentro,
todo lo que la vida me conjura.

Vida,
ya no me preguntes más,
que para el dolor de mi
corazón ya no hay cura,
sobran las amarguras y la soledad.

# UNA VIDA SIN SOMBRAS

La vida ha de ser honrosa,
sin manchas ni desatinos,
sin sombras que el mañana asombre,
el egregio nombre con que nacimos.

Me vio el destino una tarde de vientos y
mareas,
llevando mis pasos por otros rumbos,
sobre el callado camino que hoy mi vida aletea;
por otras tierras con caminos profundos.

# OBITUARIO

Estoy moribundo, con el agonizante respiro
de esta vida por el tiempo prestado,
roja y negra la noche miro,
azul y blanca la luna callada.

En el ocio va el ratero
clavando la mortal estocada,
y el bribón compañero
con sus mugrosas manos manchadas.

Es de monstruo el martirio,
ver el mal viviendo del bien,
de acuache la compañera osada,
los minutos más horrendos, sin lirios,
un desecho agonizante, empinada la estocada.

Es el beso oscuro,
el abrazo de una mano malvada,
la cosecha del destino y sus apuros,
cae sobre un alma desnuda y desdichada.

# UN CANTO LÚGUBRE

Muere la luz del hombre
cada día que de pronto pasa,
como muere una flor sin nombre,
como muero yo,
cada vez que un gélido invierno me abraza.

Cada lustro que pasa,
lleva un canto lúgubre en mi alma,
una lumbrera traspasada por lanzas;
va yendo este mortal al ocaso,
a la huesa que mi vida enlaza.

# CUANDO EL SOL SE APAGA

Hay lágrimas invisibles,
en ojos marchitos y sin miradas,
hay corazones mustios y apacibles,
sentimientos adversos en noches cansadas.

Muere la voz del hombre,
cada vez que el sol se apaga.
Que el día y la noche no asombre,
la flama que con extinguirse amaga.

# HAY LÁGRIMAS

Es encumbrado el dilema
entre el dichoso bien y el mal,
cada hombre con su dilema
va llevando su vida al funeral.

Va el hombre prisionero,
en esta jaula de oro y sin vida,
dejando su aliento en el invernadero,
donde la sombra de la muerte se anida.

Va con el dolor en su frente,
tapiado cuál perenne lapidario,
con el estigma de triste e ingente,
llorando su pesada suerte como un calvario.

Hay lágrimas que amagan,
en ojos tristes se posa la acechante muerte;
un dolor, un llanto que el alma apaga,
si viviera cuantas lágrimas por tenerte.

# MUNDO CRUEL

Mundo cruel,
por qué en ti crece silvestre el pasto venenoso,
sin clorofila y sin vergel,
haz que vuele animoso.

Mundo malvado y cruel,
que hace del hombre dinero,
que transforma todo lo verde,
en amarillento prisionero.

Mundo rojizo y cruel,
tú que abandonas el bien,
no sabrás cuál sincera pesadilla,
es la del hombre que,
en una silla se muere primero.

Mundo sabio y cruel,
que hace confundir los sentimientos,
tú que acaba con cada querer,
regálame el viento;
dame tu voluntad,
dame alas para volar de este mundo sin hiel.

Mundo espectro y cruel,
por qué hieres y lastimas
el corazón ciego y fiel,
las almas cuando quieren volar,
de un corazón pretérito de rimas.

Zarza de engaños a tropel,
cuantas mentiras que lastiman,
no sabes que aquí en mi pecho
hay versos que riman,
musas y amor a granel.

Hoy a la vida quiero volver,
para que la poesía con sus alas
me siga.

# AL BRIBÓN DE LA NOCHE

Bribón malvado,
tú que al basurero me íntimas,
te diré que soy casto y honrado,
que mucho he sufrido por llegar a la cima.

Y del polvo negro
que a la tumba te arrimas,
con el viento lo soplaré a los cerros,
que vuelen por siempre lejos de estas rimas.

De la espada quejosa,
la que a este verso me anima,
ha de brotar un dolor dispendioso,
el que a la muerte me arrima.

Eres bribón de la noche,
porque con tu veneno me lastima.
no ves que yo soy un verso que anima,
el bien para enamorar.

# SOMBRA DE UN AYER

Nublar podrá mis ojos,
podrá apagar la luz de mi vida,
desde lo lejos vendrán tus enojos,
a un regreso que no se olvida.

Si de pronto me llega,
sin avisos, sin señas,
serena será mi entrega,
la de esta vida de brasa en leña.

Cuanto la vida nos enseña,
pero el destino nos enseña mucho más,
se pierde el hombre de alma pequeña,
pero no el corazón de casto amor y bondad.

# PARA QUE ME ESCONDO

Si en esta sombra se escucharan
besos taciturnos, voces bravías,
no me esconderé,
sabré de que ronda saldré,
iré a tu asecho en un segundo,
a ver si vives o si mueres.

Para que me escondo
si de la oscuridad eres vigía,
de las tinieblas airadas es donde respondo,
que la muerte es amarga y fría.

Diré que el manto umbroso
que este soplo vestía,
era la ropa del árbol piadoso
que en invierno se dormía.

Que en su tronco
un ataúd sin cuerpo yacía,
diré que era la muerte de gemidos roncos,
la que asustada me veía.

Y yo con enojos,
agreste al árbol le respondía:
¡tú no cegarás la luz de mis ojos,
porque Dios con su amor me rocía!

# AMOR DE MADRE

Si por lo corto que es el destino
pronto no te puedo mirar,
recuerda que mi corazón y yo te quisimos,
que mi alma te sabrá extrañar.

Cuanto te extraño,
¡madre mía!
hoy cuanto te quiero mirar,
son oscuros mis claros días,
quisiera tener nuevas alas para poder volar.

Hondo es el vacío,
el que tan sólo tu amor me llena,
es tu amor un cálido rocío,
es tu amor el que alegra mis penas.

Vivir sin Madre,
es vivir tropezando entre penas;
lampo de lágrimas en mis ojos,
es no tenerte Madre buena.

# RONDA

Rondando los lares de tu corazón,
bajo la sombra de la noche escondido,
me sorprendió la tentación,
despuntaba el alba con sus silbidos.

Tantas veces esperando que la luna clara
me trajera mis hálitos preferidos,
el beso de aquel amor que hoy mi corazón
añora,
recordando esas noches que nunca olvido.

Calla el tiempo que gobierna mi alma,
el de un recuerdo que lejos se ha ido,
junto a las estrellas y la noche en calma,
en que te amé bajo la luna que fue nuestro
nido.

Un lucero blanco luminoso,
entre ramas y sombras va confundido,
y en mi alma el amor va llegando,
a rondar la lluvia de besos que nunca olvido.

El destino hoy me aleja de ti,
pero no olvido lo que vivimos,
jamás se borrarán de mí,
los intensos besos a tu boca prendidos.

Muchas veces esperé,
esperé que el sol saliera con sus rayos
amortecidos,
esperé como el can que afuera espera,
para ser mi vigía con sus ladridos.

# UN SOPLO DE VIDA

Va soplando la brisa suave,
por un hondo vacío que mi vida amaga,
con el aullido del viento y las aves,
va el mudo burlón que mi vida apaga.

Viste la lluvia la tarde,
la cubre la sombra que cegaba,
hierve la tea que arde,
el dolor del olvido que acaba.

Huye el horizonte con el ocio,
con la palidez del sol y su llaga,
un viso que humedece mis pasos,
cada vez que un día de mi vida
se convierte en nada.

Un soplo de vida cunde la música
que me duerme,
el corazón soñoliento de alma vaga,
cada sentido que en mí se cierne,
hacen grasientas las noches,
que con dormirme amagan.

Noches de poesías acariciadas,
¡ves como se despabilan mis ojos!
¡ves, sombra de la media noche,
como con insomnios y tinieblas me pagas!

Será porque la poesía
es la única novia,
que me llena de alegría el alma.

# REMANSO CANSADO

Siento un sonido suave y callado,
cuando el invisible sueño aletea,
un silente remanso cansado,
que con sobrada viveza parpadea.

Bruñe leve el luminoso hado,
cuando alumbra la izada tea,
cuál ocaso de oro lacrado,
cada paso que su cuerpo menea.

Bajo la luna que despierta,
mirando la mansa noche que espejea,
soñando con el día que pronto ha pasado,
para que Dios desde el cielo me vea.

# SALPICADO DE ESPUMAS

Esta noche de alma en bruma,
exhaustas nostalgias son las que en mi alma
truenan,
en el profundo mar de espumas,
el que, al cruzar a nado todos los hombres
sueñan.

Cuando sin querer mi sueño se esfuma,
es la muerte que de mí se adueña,
como holgada sombra de luna,
que de asombro me va llevando la seña.

Salpicado del beso que, como pluma,
a las extensas horas se empeña,
voy muriendo como la blanca flor que se des
perfuma,
las que adornaba mi vida tan risueña.

# TRAS LAS HONDAS MIRADAS

Cantan las aves al cielo,
trinan los pájaros que pian llorosos,
en la palidez del seco arroyuelo,
con sus aleteos danzan jubilosos.

Lapidario del mustio madero,
el que oculto irrumpe dichoso,
en cada corazón puro y sincero,
se esparce un beso tembloroso.

Con las pisadas hiervas,
y la viveza del invierno celoso,
voy sin rumbo, sin paradero,
voy llorando mudo y sigiloso.

La honda mirada del latir primero,
me da la vida como la savia al árbol,
que con su canto verde y afanoso,
adorna el sentimiento más sincero.

# EL CRISTO VALIENTE

Va el Cristo con la mirada fija,
con la venda puesta en cada hoja,
con el repiquetear de las vetustas campanas,
va el alma que de sal se moja.

Los ángeles desde el cielo,
aguardan orondo las mañanas,
tiñendo de colores van los blancos anhelos,
aquellos que el alma me pintan y arañan.

Los astros como vigía,
se agachan en sus fontanas,
mirando el pasar de mis días,
lo mucho que mi vida se afana.

Y en cada noche lluviosa,
el ufano aleteo de mi aura temprana,
con gotas de rocío jubilosas,
se llena mi vida de la lisuras y sonrisas,
que mi tristeza engalana.

Siderales fulgidos y luminosos,
iluminan de mi corazón sus ventanas,
y las estrellas del firmamento con rostro,
llevan la leyenda de un Poeta foráneo,
que lleva su alma llana.

# ALMAS MANCHADAS

Veo con tristeza
el alma manchada que se empina;
como un misterio de sobrada pereza,
los corazones sofocados van en ruinas.

Ebria siento que la vida camina
con la más sutil de las vivezas,
como embrujo a las afanosas cantinas,
hundiéndose va mi vida,
en el espejo borracho del destino y la pobreza.

Polvorienta la tarde lupina,
la que va entre carcajadas y noblezas,
adornando su vida con blancas cortinas,
está el alma blanca que reza.

Y con las gotas de sangre de la espina,
de su oscura piel sin belleza,
está la escandalosa rama de la encina,
riéndose de tan mal proeza.

Mas, un ángel despierto
me dijo: ¡cuídate afanado Poeta,
que esta noche el mal te asecha,
y tú eres oro para tus metas.

# BAJO EL UMBRAL DE TU AMOR

De mi pretorio de miel está el baúl,
el que cada umbral de amor yo rijo;
se liberan mis sentidos como montaraz rienda
el redil;
como exigirle al destino que sane mis hijos.

Sueña el portentoso galardón,
el de la arrugada tez ya consumida por el
tiempo;
una fatiga que se estigma sin perdón,
sobre la piel dormida que ya no siento.

Devorado con furia va el perfil,
sobre un cuerpo hecho con amasijos,
sólo el alma buena fulge como marfil,
porque se entrega a Dios en regocijos.

Salva el pillaje cerril,
sobre el entrañable hatijo,
el que, como fuego vacío y pueril,
con torpeza vive fijo.

# EL PERGAMINO DE LA AURORA

Apunta la aurora con su perfume;
es que, en mis días van las mañanas cargadas
de clemencias,
esperando que el amor no se me esfume,
para que el alma de un poeta no muera de
demencia.

El relámpago que la noche alumbra,
es el vigía que con paciencia tiñe mis biselados
sueños;
alma de color como las hortensias,
mírame que de tu corazón soy tu dueño.

Seré el cálido sol de tu alma soleada,
la llave de tu corazón tan risueño,
el pretil de tu boca pintada,
vida mía, eres tú la musa de mis ensueños.

# ENTRE LA FLAMA Y LA BRISA

Trémula esta la flama,
la de aquella ardiente llamarada que no se
extingue,
porque la brisa corre con la llama,
a otros vientos que amor nos finge.

De pronto mira que la luna se tambalea,
en las oscuras sombras de la noche,
dejando de alumbrar cuando el viento se
menea,
para hacer de su exterminio un broche.

Un segundo que pasa,
y de pronto la flama se apaga,
porque un hálito de muerte lo abraza,
y un viento de vida lo traspasa.

# RAYO DE LUZ

A ti rayo de luz
que vives en el cielo yo te encargo,
que hagas más corto este camino
en el que nunca despierto;
es mi camino muy oscuro y muy largo.

Ven, llena deprisa
mi profundo vacío;
este claro quebranto que por mi alma se
desliza,
muy de mañanita me postra de bruces,
como doloroso rocío.

Cuanto sufro por no verte,
cuanto lloro por no tenerte amor mío.

# UNA ALMA SOLA

Almas solas y desnudas,
van cuáles sambíes por las tristes callejas,
una rama en el centro yace muda,
porque el fruto de esta vida ya se aleja.

Miro un farol a oscuras,
como un sol que la nube apaga,
por las inmerecidas agruras,
de mis noches ciegas y lunas sin miradas.

# A DONDE VAN MIS PASOS

Adónde van mis pasos,
pregunta este humilde peregrino,
he de ir deprisa a la envestida,
borrando las huellas de humo,
como si en Dios no existimos.

Mis huellas si existieron
o murieron, no lo sé,
han de volar porque sintieron,
que el tiempo se esfuma y no se ve.

Si el tiempo se mudara
o se detuviera moriría,
es que yo en él quisiera
detener las noches y los días.

De él sólo quedarán las estelas,
los aturdidos recuerdos ya pasados,
a veces va el destino dejando esquelas,
dejándonos con los años cansados.

Sé que este florido carnaval de la vida,
pasará por mí sin flores ni cascabeles,
pasará como pasa la brisa que en mi corazón se
anida,
desojando mis rosas mustias,
y sin colores ni perfumes mis claveles.

# ACLAMACIÓN

Aclamo a las fuerzas misteriosas de Dios,
para que aplaques esta sostenida llama
que mi alma tomó,
hasta la voz del viento dejó de perfumar mi voz,
también la del triste morir que en mi vida cayó.

Esta vez quisiera no errar,
ni ser instrumento de la terrible desesperación,
quieto y taciturno no tardaré en llegar,
a buscar en Dios mi perdón.

Me aferraré al bastón
donde reposan mis manos,
me cubro con la barba el talón,
si me disminuyen las aguas de este pantano,
ya no habrá lluvia con ventarrón.

Sólo saldrá de un destino vano y profano,
de un Poeta la aclamación;
amar lo que se ama aún sea un mundo profano,
es llevar la felicidad en sus manos,
y el amor en el corazón.

# NACER PARA OLVIDAR

Con el auxilio del pájaro caprichoso,
la abatida flama cayó,
cayó a la oscuridad cuando la claridad se hizo
espesa,
con la angustiosa temeridad del destino,
un náufrago que se hunde reza.

Elevo mi arco y mi lanza,
al infatigable oleaje de la mar,
seré pastor que a gritos se lanza,
al ascendente nacer que he de olvidar.

# OLVIDAR QUE EXISTO

Olvidar, olvidar,
olvidar que existo,
mejor olvidar que me hago verbo en este
caminar;
con mi diestra forjo el llanto
que en mi alma tantas veces he visto.

Cuantas he pensado que ya ni existo,
cuantas veces es querido
como mariposa en primavera querer volar,
para que existir sin amor,
para que existir si es para llorar.

# DESDE MI BALCÓN NOCTURNO

Un día,
me llamó un relámpago
para que al balcón de mis noches yo fuera.

No sé si era para burlarse de mí
o fue para que yo en sus tinieblas muriera.

A buscar la rosa en invierno
te pedí que vinieras,
a pedir ayuda, sin un porqué,
dije: -se me muere la vida,
el destino se ha vuelto al revés.

Quiérete a ti mismo,
no esperes que nadie te quiera,
el destino y la vida son caminos distintos,
uno quiere que tú vivas
y el otro quiere que tú mueras.

# ALMAS MILAGROSAS

De esas nubes que tiñen
la inmensa claridad del destino,
es ver las mañanas que riñen,
en el bosque el cantar de los pinos.

Es ver el sol que tanto quisimos
sin candidez y sin fragua,
es ver la noche que llora.

Es difícil decirte
si conozco el bien o el mal,
sería como pedirle
a estos ojos despiertos por horas,
que esta noche paren de llorar.

# DE LOS SANTOS MILAGROS

Santa es la virtud de amar,
de quien amor en su corazón lleva,
de quien, ante la degollada ingratitud,
de agasajo su vida llena.

De ese escaso camino,
del que precariamente aparece,
como conquista de niños,
el corazón se le envilece.

# COMO BLANCO ESPEJO

Sagrada es la virtud de perdonar,
portentosa la engarzada sabiduría
de amar y de amar;
pensé que en la vida había luz,
hasta que vi la luna callar.

Influye desde lo lejos,
la doctrina de amor y de verdad,
de la honestidad soy el blanco espejo,
que desnuda hoy mi orfandad.

# INICUOS RESABIOS

Si por estos lares
un amor como el tuyo de pronto aparece,
he de amarlo porque es santo,
porque un mesías no siempre florece.

Me muerdo los labios
cuando pienso que tanto yo he sufrido,
de los inicuos resabios,
que los mortales hemos vivido.

He pensado algunas veces
que hay miradas buenas;
también muchas veces soñé,
que hay sobradas almas ajenas.

Anduve equivocado,
por estos precipitados caminos,
aprisionado por los brazos del destino,
por eso libérame Dios,
que de la soledad esta noche soy esclavo.

# ME HUELE A PRISIÓN

No he de callar,
hacerlo es morir,
sentir que no puedo hablar,
es ver el verso gemir.

Aprisionado estoy, mírame aquí sin volar,
en invisibles muecas, sin blandir,
a la aguda muerte voy sin parar,
entre sombras y sin fulgir.

Estoy sin voz, en la despreciable noche sin
hallar,
con la aprehensión triste en un gemir,
muerto en la oscura prisión he de callar,
es que esta vez estoy mancillado,
sin luz me voy a ir.

Aprisionó el tiempo mi caminar,
por un lapso de oscura mortaja me he de morir,
por las indescifrables noches en las que no he
de mirar,
mi íntima luna sonreír.

Augustas la musas que de la vida trato de
emular,
aunque en polvo se convierta mi porvenir,
un túmulo sombrío he de hallar,
en el constante sueño donde he de morir.

Cuál oscura tumba he de orlar,
quizás en hojas sueltas sin imprimir,
son tan sólo unas lágrimas que han de volar,
de esta alma noble, que de la vida quiere huir.

En el cínico tiempo sin parar,
está la sátira desnuda del fingir,
por sus almas al cielo yo he de orar,
aunque mustio more mi porvenir.

Al mudo padecer de las horas,
que mi canto inspirado vaya arruinar,
el vendimiado aliento de escribir,
podrán callar, podrán matar,
esta blanca lumbre sin mentir.

Insostenible agonía la de aparentar,
la generosa enjundia de un tapir,
en un luengo amago, en un callar,
que me ahorca el respiro, el engullir.

A la fecunda gleba va el respirar,
de ese aire fétido sin cubrir;
enmudecida el alma al hablar,
perece irremediablemente la razón de vivir.

# UN FARO EN EL PENSAMIENTO

En estas calles en que las horas
arguyen tener la razón,
es cuando el sentimiento más triste,
el más lloroso, mudo y callado,
se apoderan de mi corazón.

El faro que se busca,
para que alumbre el pensamiento
y el sufrir mediato,
es la tristeza de la noche y la soledad del alma.

Para que escondo mi verdad,
si para todos los hombres,
ya mi error fue un zarpazo del destino
mofado y mal visto.

# MIS ALAS MOJADAS

Estoy aquí para que el destino me hable,
para que en el silencio de la noche
vuelva y me diga:
eres hijo del destino,
a ser feliz te voy a llevar.

En el silencio de la noche,
la soledad me va a matar,
será porque las alas me pesan,
porque están mojadas para volar.

# SIGNIFICADO

Tesoro es la muerte,
porque después del sufrimiento
nos lleva a descansar,
la vida es una nube que nos hace reír,
también que nos hace llorar.

Por eso en vida no dudes,
que al prójimo debemos amar,
amar es el significado de la vida,
amemos antes de que nos amen,
entonces sabremos que en la vida
y en la muerte, todo el mundo es igual.

# ADIÓS FLOR OCULTA

Con sobrado amor a mi gran padre.
Adiós hijo de campo,
adiós hijo de la vida y de la orfandad,
llegó la hora ya te vas;
yo, haciéndome de tu retoño un hijo viejo.

Me miro en tu espejo....
de la oscura noche soy providencia;
adiós flor oculta que del amor hiciste paciencia;
adiós padre mío y señor.

Adiós padre de amor;
que en este tu dormir profundo,
Dios te tome en cuenta
al llevarte de este mundo.

Adiós hijo de la inocencia;
hijo de la nobleza que Dios puso en tu corazón,
te despido con santa devoción,
para que nuestro amor del pecado sea
reminiscencia.

Antes de que para ti termine mi adiós,
si en algo te he fallado,
padre bueno te pido perdón,
fui la lumbre de tu corazón,
y tú mi arduo tesón, padre adorado.

Duerme y llora,
descansa y sonríe,
que mis lágrimas hoy son congojas;
estas horas son moras,
para que tú desde el cielo me guíe.

# POR LOS PREDIOS DE DIOS

Por los predios de Dios
aquel que más camina es un santo,
por los predios de los hombres,
el más cansado es el más sabio.

El camino equivocado,
es como un abismo fatal y sin retorno,
si regresas te postra,
si te detiene te hundes.

Si cabalgas del infortunio te salvas,
si te duermes habrá despertado mañana;
entonces, el presente será oscuro y tan corto
como la vida,
si despiertas y duermes la felicidad será larga
como el sueño mismo.

# APRENDIENDO AMAR

En esta soledad nocturna,
he aprendiendo amar hasta lo que no se ama;
sólo aquí he podido saber de qué color es el
rostro
transparente e inmaculado del amor.

La vida me hiso preso,
por eso el destino me regala hoy su honor;
yo del silencio nada quiero,
sólo de Poeta mi poesía como la flor.

# NUBES Y SOMBRAS

De todo lo que hasta ayer tuve,
hoy nada tengo,
ya no soy dueño,
todo en mi interior perece,
todo frente a mis ojos
es nubes y sombras.

De esencia y sanos recuerdos
está hecha mi alma;
de barreras impenetrables
está hecha la tinieblas
que hoy miran mis ojos.

# UN RÍO SIN REMOS

Abanderado el río
que de mañanita lavaba mis pies,
adorables sendas hoy perdidas;
iras volátiles de mi mal decisión,
hoy son las dueñas de mis tenaces dolencias.

Huidas de amor,
sobre el tiempo sentadas;
pecador sin mareas
es hoy mi alma callada.

Triste mástil que de pronto
se burla de la barca y el anzuelo.

Por echar al revés mis remos,
en mis aguas mansas y poco saladas,
es que se quedaron hundidos
y mojados mis pies.

# CONTENIDO

# Colofón

*Destino* de Román de la Vega,
primera edición, se terminó
de imprimir en el mes de julio
de 2019, en la ciudad de Nueva York,
Estados Unidos de América.

## Ediciones Obsidiana

Tel.: (737) 203-7823
www.obsidianapress.net
editores@obsidianapress.net
oplibros@aol.com